Léonce de Lavergne

L'Échelle mobile devant le corps législatif

Essai

 Le code de la propriété intellectuelle du 1er juillet 1992 interdit en effet expressément la photocopie à usage collectif sans autorisation des ayants droit. Or, cette pratique s'est généralisée dans les établissements d'enseignement supérieur, provoquant une baisse brutale des achats de livres et de revues, au point que la possibilité même pour les auteurs de créer des œuvres nouvelles et de les faire éditer correctement est aujourd'hui menacée. En application de la loi du 11 mars 1957, il est interdit de reproduire intégralement ou partiellement le présent ouvrage, sur quelque support que ce soit, sans autorisation de l'Éditeur ou du Centre Français d'Exploitation du Droit de Copie , 20, rue Grands Augustins, 75006 Paris.

ISBN : 978-1718719354

10 9 8 7 6 5 4 3 2 1

Léonce de Lavergne

L'Échelle mobile devant le corps législatif

Essai

Table de Matières

L'Échelle mobile devant le corps législatif   7

L'Échelle mobile devant le corps législatif

On peut varier d'opinion, même parmi les économistes, sur quelques-unes des modifications apportées depuis un an à nos tarifs de douanes ; la révolution qui s'accomplit peut paraître à beaucoup d'égards trop brusque, trop radicale, trop arbitraire, même quand on en approuve le principe, et le bien réel qu'elle peut faire ne suffit pas pour justifier à tous les yeux la forme violente qu'elle a d'abord affectée. Nous en avons dit sans détour notre sentiment l'année dernière, et tout ce qui s'est passé depuis n'a fait que nous confirmer dans ce premier jugement ; mais il n'en est pas de même du projet de loi qui vient d'être présenté au corps législatif pour l'abolition de l'échelle mobile sur les céréales. Ici tout nous semble digne d'approbation, sauf peut-être quelques points de détail dont nous parlerons plus bas, et nous ne reculerons pas plus devant l'éloge que nous n'avons reculé devant la critique. Le principal mérite de ce projet, c'est d'être une loi et non un décret, d'aller au-devant de la discussion au lieu de la prévenir, de solliciter l'assentiment des représentants du pays au lieu de s'en passer, de supprimer enfin l'arbitraire au lieu de l'imposer. On peut dire sans exagération que, depuis bientôt dix ans, il n'y a plus de loi en matière de céréales ; le gouvernement a suspendu, rétabli, suspendu de nouveau l'échelle mobile, sans autre règle que sa volonté, et cette volonté même n'a pas toujours été bien arrêtée, car il est arrivé une fois que l'échelle mobile s'est trouvée en même temps rétablie à Marseille et suspendue à Paris. Le gouvernement veut sortir enfin de ce régime incertain, capricieux, nuisible à tous les intérêts, et il a bien raison.

Non-seulement il faut le féliciter de substituer une solution légale et fixe à ces expédients transitoires qui engageaient si gravement sa responsabilité, mais il nous semble avoir choisi le seul système qui puisse clore définitivement cette grande question. L'échelle mobile est un instrument usé, faussé, dont aucun gouvernement éclairé ne veut plus et que l'expérience a partout jugé sans appel. Nous n'essaierons pas d'analyser ici cette législation embrouillée qui, sous les apparences les plus raisonnables, cache une série de mystifications. Tout le monde la connaît aujourd'hui, au moins dans son ensemble, car nul ne peut se flatter de la comprendre suffisamment dans ses détails, tant elle abonde en obscurités, en surprises, en contradictions, en pièges de toute sorte. Diviser la France en quatre zones ou classes où le prix du blé est considéré comme étant toujours différent, c'est commencer par une hypothèse que les faits renversent de plus en plus, depuis que le progrès des communications tend à rapprocher tous les prix ; calculer ensuite l'état des prix courants dans ces zones par un. petit nombre de marchés régulateurs, c'est ajouter une fiction à une autre, car les mercuriales de ces marchés ne signifient rien depuis que les grains se vendent partout à la fois, même à domicile et sur échantillon ; établir sur cette base doublement incertaine des droits à l'entrée et à la sortie qui varient suivant les zones, c'est se payer d'une nouvelle illusion, depuis que les grains peuvent facilement se porter d'une zone à l'autre pour éluder les droits ; prétendre enfin qu'à l'aide de tous ces mensonges on peut arriver à prévenir les excès de hausse ou de baisse, c'est aller directement contre les faits, car le prix des grains a passé, sous l'empire de cette législation, par des alternatives de hausse ou de baisse qui prouvent au moins son impuissance.

Depuis l'enquête qui a eu lieu en 1859 devant le conseil d'état, il n'est plus possible de se tromper sur les véritables effets de l'échelle mobile. Ces effets sont tout uniment contraires à ceux qu'on en attendait. Au lieu de soutenir le prix ordinaire des blés, elle tend à l'avilir, en mettant obstacle à l'établissement d'un commerce continu. Au lieu d'atténuer les alternatives de hausse ou de baisse, elle les aggrave, en ne permettant soit l'importation, soit l'exportation, que lorsque les prix ont déjà monté ou baissé à l'excès. Avec elle, tout arrive à faux, à contre-temps ; tout contribue à désorganiser le commerce et par conséquent à gêner tour à tour la production et la consommation. Les agriculteurs éclairés ne s'abusent plus aujourd'hui sur la valeur de ce mécanisme illusoire. La Société centrale d'agriculture, après une longue discussion, l'a condamné à une forte majorité, il y a deux ans ; un grand nombre de comices agricoles des pays les plus producteurs ont fait de même. Voici maintenant le conseil d'état qui, après avoir longtemps hésité, se range à cette opinion, et le gouvernement qui proposé de la sanctionner par une loi ; il ne manque plus que l'adhésion du corps législatif pour que cette chimère surannée disparaisse de notre législation comme elle a déjà disparu de celle des pays voisins.

Il faut rendre cette justice aux gouvernements antérieurs qu'ils n'ont consenti qu'avec peine à l'établissement de l'échelle mobile ; un parti puissant leur a toujours forcé la main, même sous la restauration. La loi de 1819, qui a eu l'initiative du système, venait à, peine d'être rendue que le ministère du duc de Richelieu proposa de l'adoucir en 1821 ; la commission de la chambre des députés répondit en l'aggravant encore, et le ministère se plaignit très nettement que la chambre eût empiété sur la prérogative royale en transformant à ce point sa proposition. « Faut-il donc, ajouta dans la discussion M. Siméon, ministre de l'intérieur, pour donner des débouchés aux grains de la Saône ou de la Garonne, obliger les départements qui n'en recueillent pas assez à les acheter cher ? Faut-il les priver des secours que la mer leur offre ? On veut favoriser les propriétaires de l'intérieur, on a raison ; mais faut-il pour cela écraser les populations des côtes et les rendre tributaires de ces propriétaires ? Faut-il détruire notre commerce de blé dans le Levant, qui ne peut se faire qu'à Marseille ? Faut-il, par des dispositions exorbitantes, détruire les entrepôts qui peuvent être utiles en temps de disette ? Il ne s'en formera bientôt plus, si l'on ne peut espérer de les voir s'ouvrir de temps à autre, et aux jours de besoin on déplorera de s'être privé de cette ressource. »

On croyait alors que l'échelle mobile aurait la vertu de faire monter les grains à l'intérieur, et on fit la sourde oreille à ces observations du ministre. On ne se contenta même pas de droits progressifs, on y ajouta, en dépit de la résistance du gouvernement, la prohibition éventuelle des grains étrangers. Comme si la Providence avait voulu donner une leçon aux législateurs, le prix moyen du blé tomba en 1822 à 15 francs, et resta entre 15 et 17 francs en 1823, 1824, 1825 et 1826, malgré tous les droits protecteurs et toutes les prohibitions du monde.

Les choses restèrent ainsi jusqu'à la révolution de 1830. Le nouveau gouvernement commença par prendre plusieurs mesures provisoires qui modifièrent dans un sens libéral l'exécution de la loi de 1821 ; puis, au mois d'octobre 1831, M. d'Argout, ministre de l'agriculture et du commerce dans le cabinet présidé par M. Casimir Périer, apporta à la chambre des députés un nouveau projet qui modifiait radicalement cette loi.

« Défectueux dans sa base, disait l'exposé des motifs, le système de l'échelle mobile a été mis en pratique d'une manière plus défectueuse encore. La loi du 4 juillet 1821 a établi quatre classes divisées en huit sections. Or les sections d'une même classe ne sont pas toujours limitrophes, et de cet enchevêtrement de territoire il est résulté contradiction, confusion et désordre… Certains départements peuvent recevoir des grains à 18 francs, d'autres à 22, d'autres à 24… Le choix des marchés régulateurs n'a pas donné lieu à moins de plaintes ; une hausse et une baisse factices obtenues sur un marché où il n'aurait été vendu qu'une centaine de sacs peuvent réagir d'une manière sensible et fermer les ports aux grains étrangers ;… mais le vice radical de ce système, vice qu'aucune précaution de détail ne peut pallier, réside dans cette alternative perpétuelle d'admissions et de prohibitions. On a plus d'une fois déploré l'établissement d'un régime qui rend précaire la faculté d'importer sans en prévoir le commencement ni la fin, et qui fait dépendre cette faculté de mercuriales dont les éléments ne présentent aucune garantie de vérité et d'exactitude. »

En conséquence, le projet de loi n'établissait que deux zones au lieu de quatre, supprimait la prohibition éventuelle, adoptait pour règle le prix du pain au lieu des marchés régulateurs, etc. On n'avait pas cru possible de passer brusquement d'un système à un autre, mais on avait essayé de corriger les plus grands défauts de l'échelle mobile. La commission de la chambre des députés ne partagea pas les idées du gouvernement, et, comme celle de 1821, elle prépara un contre-projet. La discussion fut assez vive.

« Si l'on considère la suppression de la prohibition, dit M. d'Argout, ministre de l'agriculture, en combattant le contre-projet comme pouvant être une cause de ruine pour la production, de conséquence en conséquence je démontrerai invinciblement la nécessité de prohiber la circulation de province à province... Quel est le prix rémunérateur demandé pour Toulouse ? 20 francs. Quel est le même prix pour Marseille ? 28 francs. Les frais de transport entre les deux villes sont de 2 fr. 50 cent. Toulouse ruine donc l'agriculture de la Provence, et, pour soutenir ce système, il faudrait remonter aux temps de barbarie, empêcher la circulation à l'intérieur, et séparer par des prohibitions les Bouches-du-Rhône de la Haute-Garonne... Du moment où la loi a proclamé qu'on peut affamer un pays en permettant les exportations, et qu'on peut ruiner les agriculteurs en permettant les importations, le peuple peut faire une fausse, dangereuse et criminelle application du même principe. La France sera affamée, peut-il dire ; mais notre arrondissement, notre canton, notre commune, seront pareillement affamés, si nous laissons sortir les grains qui s'y trouvent ; ce qui est vrai pour le royaume ne peut être faux pour la commune... Hâtez-vous d'effacer de nos lois ce principe funeste, je devrais dire ce principe *ignominieux*, tant il contraste d'une manière choquante avec la civilisation où nous sommes parvenus. Que désormais la France entière sache que la liberté de la circulation est chose sacrée, à l'intérieur comme aux frontières, aux frontières comme à l'intérieur. »

Ces paroles du ministre posaient la véritable question. Il en est en effet exactement de même de la circulation des grains en France et hors de France, sans qu'il soit nécessaire d'invoquer les principes chrétiens de fraternité et de solidarité entre les peuples. Ce n'est pas dans l'intérêt de la commune voisine que chaque commune doit laisser entrer et sortir librement les blés, c'est dans son propre intérêt, pour être sûre de n'avoir autant que possible ni excédant ni déficit ; de même ce n'est pas dans l'intérêt des Russes ou des Anglais que la France doit respecter la libre circulation du dedans au dehors et du dehors au dedans, c'est pour elle-même, pour s'assurer autant que possible contre l'extrême avilissement et l'extrême élévation des prix. En se barricadant les uns contre les autres, on fait certainement du mal à autrui, mais on commence par s'en faire encore plus. C'est ce malheureux préjugé contre la circulation des grains à l'intérieur qui amenait, sous l'ancien régime, une famine tous les dix ans, et c'est la gloire immortelle de Turgot de lui avoir porté le coup décisif, même au prix d'une répression armée et d'une impopularité douloureuse.

Malgré les efforts de M. d'Argout, le projet de la commission l'emporta encore en 1832. Le système entier des quatre zones et des marchés régulateurs fut maintenu, La prohibition éventuelle portée par la loi de 1821 fut abolie, mais de nom seulement, et remplacée par des droits prohibitifs. Qu'est-ce en effet qu'un droit qui peut être de 12 ou de 15 francs par hectolitre, si ce n'est une prohibition absolue ? Tout ce que le gouvernement put obtenir, c'est que la loi ne serait votée que pour un an ; mais l'année suivante, le ministère de M. Casimir Périer s'étant dissous peu après la mort de son chef, un nouveau ministère vint proposer à la chambre de rendre la loi définitive, et cette proposition fut adoptée. Voilà comment l'échelle mobile a été introduite et maintenue dans nos lois.

Voyons maintenant comment elle a été exécutée. De 1832 à 1846, des récoltes moyennes ayant soutenu des prix moyens, l'échelle mobile a fonctionné sans danger comme sans utilité. En 1846, une disette se déclare. Le gouvernement sent immédiatement la nécessité de suspendre l'échelle mobile, afin de donner au commerce la sécurité nécessaire à ses opérations ; mais il craint de prendre sous sa responsabilité cette mesure insolite. En attendant, la hausse a le temps de prendre des proportions désastreuses, et quand les chambres, pressées par l'évidence, se décident à prononcer la suspension au mois de janvier 1847, le mal était fait. En 1853, nouvelle disette. Le gouvernement, éclairé par l'expérience de 1847 et ayant d'ailleurs devant lui l'autorité d'un précédent, suspend l'échelle mobile dès le commencement de la crise, et grâce à cette précaution, grâce aussi, il faut bien le dire, à l'existence du chemin de fer de Marseille et au réseau général des chemins de fer, la disette est contenue dans de moindres limites qu'en 1847. Encouragé par ce succès, le gouvernement maintient la suspension jusqu'en 1859, où une démonstration du sénat le détermine à rentrer dans la loi ; mais au mois d'août 1860, une légère hausse s'étant déclarée, nouvelle suspension, qui dure encore.

Ainsi, sur les quatorze ans écoulés depuis 1846, la suspension de l'échelle mobile a duré huit ans, et l'application de la loi six ans seulement. Les divers gouvernements qui se sont succédé depuis 1820 n'ont accepté qu'à contre-cœur l'échelle mobile, et ils se sont, tant qu'ils l'ont pu, dispensés de l'appliquer. N'est-ce pas là une forte présomption contre elle ?

C'est toujours la même coalition d'intérêts qui, retranchée dans le sein des chambres législatives, a tenu en échec les gouvernements les plus éclairés sur cette question des céréales comme sur toutes les autres parties de notre régime douanier. Nous avons vu cependant la restauration et la monarchie de juillet livrer bataille tour à tour sur ce terrain et ne succomber qu'en partie. Le second de ces deux gouvernements a même eu l'honneur de suspendre pour la première fois l'échelle mobile, et de conquérir pour cette condamnation implicite de la loi de 1832 l'assentiment de la majorité parlementaire qui l'avait imposée. Le gouvernement impérial a suivi la même voie avec plus de hardiesse ; il ne lui reste plus qu'à achever l'œuvre commune en obtenant l'adhésion du corps législatif à la liberté définitive du commerce des céréales tant à l'extérieur qu'à l'intérieur. Si puissant que soit ce gouvernement, nous douterions de son succès dans cette entreprise, si l'opinion du public agricole était aujourd'hui aussi arrêtée et aussi passionnée qu'autrefois ; mais des circonstances nouvelles ont heureusement modifié les esprits les plus prévenus, et au premier rang de ces faits récents et décisifs se trouvent le prix permanent des grains dans l'orient de l'Europe depuis dix ans, et surtout le développement inattendu qu'à pris l'exportation de nos blés pour l'Angleterre.

Dans tout ce qui s'est dit et écrit sur la législation des céréales jusqu'à ces dernières années, on n'avait eu en vue qu'un seul côté de la question, l'importation. Nos producteurs n'avaient tenu nul compte de la possibilité d'exportation de nos propres grains, qui paraissait en effet chanceuse et limitée, et ne songeaient qu'à se prémunir contre la concurrence des grains étrangers, et en particulier des blés d'Odessa. Le mécanisme compliqué des zones et des marchés régulateurs n'avait pas d'autre but. Le prix des grains sur le marché d'Odessa justifiait en apparence ces craintes, car il se maintenait entre 8 et 10 francs l'hectolitre, et on s'imaginait que, si les portes venaient à s'ouvrir en tout temps, des masses de grains s'écrouleraient sur nos marchés de manière à y maintenir les prix au même niveau. On ne songeait pas qu'à ce prix les producteurs russes ne pouvaient en fournir que de faibles quantités, et que si la demande venait à s'accroître, il s'ensuivrait sur les lieux de production une hausse infaillible ; on songeait encore moins que les frais de transport, soit de l'intérieur de la Russie au port d'embarquement, soit du port d'embarquement dans nos propres ports, s'accroîtraient dans une proportion considérable avec les quantités à transporter ; on oubliait enfin que, dans des pays presque sauvages comme la Russie méridionale, la culture des céréales ne pouvait s'étendre sans une addition lente et coûteuse de bras et de capitaux : l'imagination effaçait les distances, les difficultés de la culture, l'embarras des transports, et on ne trouvait pas de remparts assez hauts pour se défendre contre une invasion qui semblait imminente et formidable.

Depuis 1840 environ, les prix ont commencé à subir à Odessa une hausse graduelle qui a dissipé peu à peu ces terreurs ; de 10 francs l'hectolitre, on a vu les grains monter dans ce port à 12, 14, 16, 18, 20 francs et même au-delà. La réforme des *corn laws* en Angleterre, en ouvrant un immense débouché, a donné à ces prix un caractère de continuité qui les a rapprochés des nôtres. Voici, par exemple, quel a été le prix moyen du blé à Odessa et en France depuis cinq ans :

	France	Odessa	Différence
1856	30 fr. 75 c.	22 fr. 58 c.	8 fr. 17 c.
1857	24 fr. 37	19 fr. 53	4 fr. 84
1858	16 fr. 75	14 fr. 78	1 fr. 97
1859	16 fr. 74	14 fr. 50	2 fr. 24
1860	20 fr. 41	17 fr. 25	3 fr. 16

Nous empruntons ces chiffres à l'excellent exposé des motifs qui accompagne le nouveau projet de loi. Pour en bien apprécier la portée, il faut ajouter aux prix d'Odessa 3 francs au moins pour représenter les frais de tout genre jusqu'à Marseille, et un autre supplément de 2 francs pour la différence de qualité entre les blés russes et les nôtres. On trouvera alors que, dans les années de cherté, comme 1856 et 1857, les prix des blés d'Odessa, rendus à Marseille, s'équilibrent à peu près avec les prix français, et que, dans les années de bon marché, comme 1858 et 1859, ils s'élèvent plus haut. La conséquence est facile à tirer, c'est qu'il faut que les prix français dépassent 25 francs pour qu'il y ait profit à nous apporter avec quelque abondance des blés d'Odessa, même en supposant l'entrée de ces grains franche de droits, et dans ce cas nous en avons besoin pour atténuer le déficit de notre production.

L'expérience a mis en lumière un autre fait qui n'a pas moins d'importance, c'est que, même quand le blé dépasse en France 30 francs l'hectolitre, comme en 1856, il ne peut nous en arriver d'Odessa ou d'ailleurs qu'une quantité limitée. En 1856, l'importation des blés était complètement libre et franche de droits depuis trois ans, le commerce était garanti contre la possibilité d'un retour subit des anciens droits par la suppression de la loi sur l'échelle mobile, et malgré nos efforts pour chercher du blé de tous côtés, malgré le prix excessif que nous en donnions, il n'est entré en tout que 9 millions d'hectolitres de tous grains et de toutes provenances. Quand les prix ont redescendu, l'importation s'est limitée d'elle-même, quoique l'échelle mobile fût toujours suspendue. En 1858 et 1859, elle n'a plus été que de 2 millions de quintaux métriques de tous grains. L'introduction de ces 2 millions de quintaux aurait été elle-même impossible, si les blés étrangers avaient dû entrer en concurrence avec nos blés du centre et de l'est ; mais ils arrivent à Marseille, c'est-à-dire sur le point où le prix des grains excède habituellement de beaucoup la moyenne des prix à l'intérieur, la production du blé dans la vallée du Rhône ne suffisant pas à nourrir ses habitants.

Ainsi un *minimum* de 2 millions d'hectolitres en temps de bas prix, c'est-à-dire l'approvisionnement de la ville de Marseille et de ses environs, et un *maximum* de 9 millions d'hectolitres en temps d'extrême cherté, voilà les limites de l'importation possible, telles que les ont révélées six années d'une complète liberté d'introduction. Le froment proprement dit y entre environ pour les deux tiers ; les autres grains, comme le seigle, l'orge, le maïs, l'avoine, le sarrasin, font le reste. Il y a loin de là à ces avalanches qu'on disait prêtes à fondre sur nous. Qu'est-ce qu'un pareil appoint pour un pays qui produit 200 millions d'hectolitres de tous grains par an ? Les alarmistes, forcés de se rendre quant au présent, se réfugient dans les éventualités de l'avenir, à quoi il est facile de répondre que, si l'avenir amenait un danger sérieux, on aurait toujours les moyens d'y parer. À nouveaux maux, nouveaux remèdes. Cette réponse n'est pas la seule, et il y a bien d'autres raisons de se rassurer. L'Angleterre, qui a un déficit annuel de 30 millions d'hectolitres, ne cesse de puiser à pleines mains dans les réservoirs de céréales du monde entier ; c'est elle qui fait et qui fera les prix sur les marchés d'approvisionnement, tant que la production ne dépassera pas le niveau de ses besoins, et pour que la production en vienne là, si elle y arrive, il faudra beaucoup de temps.

On nous disait autrefois que les producteurs russes pouvaient donner indéfiniment leur blé à 8 francs l'hectolitre, parce qu'ils avaient pour cultiver des serfs qui ne leur coûtaient rien ; on nous dit aujourd'hui qu'ils vont produire à meilleur marché parce qu'ils auront des ouvriers libres. On nous affirmait que les blés de l'intérieur pouvaient arriver sans frais à Odessa, parce qu'on les transportait avec des bœufs qu'on vendait en arrivant, et on dit aujourd'hui que les transports vont devenir plus économiques parce qu'on va remplacer les charrettes à bœufs par des chemins de fer. Ces deux assertions contradictoires se réfutent l'une par l'autre. Avant que le réseau des chemins de fer russes puisse transporter de grandes masses de grains, il faut au moins un siècle. Les distances sont immenses dans ce pays-là, et les populations bien clairsemées. Nos compagnies de chemins de fer prétendent que, dans une moitié de la France au moins, les recettes ne suffisent pas à payer les frais d'établissement et d'entretien des lignes ferrées-, que faut-il penser de régions désertes où tout manque à la fois ? On vante beaucoup et avec raison la fertilité des fameux pays de terre noire ; mais ces pays sont loin de la côte, et nous savons par notre propre expérience que le moindre trajet par terre a bientôt grevé le blé de frais énormes, même par les lignes de fer. Cette fertilité même dont on parle tant a ses bornes ; le blé rend en moyenne *trois fois* la semence dans les régions les plus favorisées, tant la culture y est défectueuse, et l'exemple de nos départements les plus arriérés nous apprend combien les progrès de la culture soulèvent de difficultés. Quel plus grand enseignement que l'Algérie ! Là aussi, disait-on, on pouvait produire du blé à volonté, et après trente ans d'efforts et de sacrifices sans limites, on n'est pas beaucoup plus avancé que le premier jour.

En même temps qu'une connaissance plus approfondie des faits dissipait le fantôme d'une importation imaginaire, d'autres faits démontraient la certitude d'une exportation très effective. Ce n'est pas là une hypothèse, une prévision, mais une réalité.

Dans les trois ans qui viennent de s'écouler, la suspension de l'échelle mobile n'a porté que sur l'importation, tout l'appareil des droits contre l'exportation n'a cessé de fonctionner, et malgré cet obstacle légal la sortie de nos grains a pris des proportions considérables. Pendant que l'importation n'atteignait en 1858 et 1859 que 2 millions de quintaux, l'exportation montait en 1858 à 5 millions de quintaux et en 1859 à 8 millions. En 1860, les prix s'étant relevés chez nous, le jeu de l'échelle mobile est devenu très actif, et malgré des droits prohibitifs qui montent contre l'exportation jusqu'à 12 francs l'hectolitre, l'exportation a encore atteint 5 millions de quintaux. On ne peut pas estimer à moins de 300 millions de francs l'excédent de l'exportation sur l'importation pendant ces trois ans, soit cent millions en moyenne par an qui sont entrés dans la poche de nos producteurs. Il est en outre à remarquer que le tiers au moins de cette immense exportation se fait en farines, c'est-à-dire qu'au profit agricole vient se joindre un profit industriel, et que les issues, si précieuses pour la nourriture du bétail, restent en France sans diminuer le bénéfice en argent. Voilà la nouvelle face de la question qui, apparue tout à coup au milieu du débat, a fait réfléchir sérieusement les partisans les plus prononcés du régime restrictif. On s'est demandé si, en sacrifiant la liberté d'exportation pour entraver la liberté d'importation, les agriculteurs français n'avaient pas fait un métier de dupes et délaissé l'avantage positif pour courir après la chimère.

Une étude plus attentive de la production et de la consommation n'a pas tardé alors à montrer la véritable situation des choses. La France agricole peut être, partagée en deux moitiés égales, l'une au nord, l'autre au midi ; la moitié septentrionale produit déjà et surtout peut produire fort au-delà de sa consommation ; la moitié méridionale reste au contraire un peu au-dessous de ses besoins. Le transport des grains du nord au midi entraîne des frais qui ne profitent ni aux producteurs ni aux consommateurs, tandis que, par un heureux hasard, la partie de la France qui manque de grains se trouve à portée des pays qui peuvent lui en vendre, et la partie qui en a trop à portée de ceux qui peuvent lui en acheter. De là l'existence simultanée d'un double courant commercial, un courant d'importation dans le midi, un courant d'exportation dans le nord, et comme les besoins de ceux qui nous achètent sont plus grands que les produits de ceux qui nous vendent, le courant d'exportation est beaucoup plus fort que le courant d'importation ; une entrée moyenne annuelle de 2 millions de quintaux métriques de grains par la côte de la Méditerranée, une sortie moyenne annuelle de 8 à 10 millions de quintaux métriques par la côte de l'Océan, tel paraît être le mouvement naturel de notre commerce livré à lui-même. Poser ainsi la question, n'est-ce pas la résoudre ?

L'intérêt des consommateurs peut paraître lésé par cet excédant régulier d'exportation, en réalité il ne l'est point. Ce que le consommateur doit désirer surtout, c'est d'être préservé contre la disette, et, de tous les moyens de prévenir les disettes, le plus sûr est d'avoir en temps ordinaire un excédent de production qui puisse refluer à l'intérieur pour parer au déficit des mauvaises années. C'est ce qui arrive en ce moment même. Si l'exportation n'avait pas en 1859 atteint 8 millions de quintaux métriques, les prix seraient aujourd'hui plus élevés à cause de la mauvaise récolte de 1860. L'exportation, en se réduisant, a comblé une partie du déficit. L'importation des grains étrangers, étant d'ailleurs libre, peut s'élever graduellement à mesure que les prix montent, sans attendre, comme autrefois, le permission de l'échelle mobile, et la crise se trouve ainsi prévenue autant que possible à son origine.

On a cru longtemps que la différence entre une bonne et une mauvaise récolte dans un grand pays comme la France, qui renferme plusieurs climats, ne pouvait pas excéder un dixième de la production totale. On sait maintenant que la différence peut être bien plus forte. Dans les documents annexés à l'enquête du conseil d'état, la statistique officielle évalue à 63 millions d'hectolitres de froment la récolte de la France en 1853, et à 110 millions d'hectolitres la même récolte en 1857. En déduisant de part et d'autre 13 millions d'hectolitres pour les semences, on arrive à une quantité disponible pour la consommation de 50 millions d'hectolitres en 1853 et de 97 en 1857 ; la différence est presque du simple au double pour deux années bien rapprochées l'une de l'autre. Il se peut que ces chiffres ne soient pas mathématiquement exacts, il en résulte toujours que l'écart entre les deux extrêmes peut être énorme. Il est peu de cultivateurs qui n'aient eu à constater, dans leur propre pratique, des différences encore plus fortes. Cette inégalité rend plus sensible l'avantage d'une production normale supérieure aux besoins et d'un grand commerce organisé. Pour que le consommateur paie son blé moins cher en temps de disette, il faut qu'il le paie un peu plus cher en temps d'abondance. On est déjà parvenu, par la liberté du commerce des grains à l'intérieur et par l'ouverture de nombreuses voies de communications, à rendre les disettes moins fréquentes et moins meurtrières ; on arrivera, par une nouvelle extension du marché, à les atténuer encore.

Tout annonce donc que le nouveau projet de loi ne rencontrera pas dans les chambres, même indépendamment de toute pression politique, l'opposition qu'il y aurait soulevée naguère. Il y a des temps où les questions arrivent à leur maturité sous toutes les formes de gouvernement. Sir Robert Peel a bien pu faire voter en Angleterre l'abolition des *corn laws*, quoique la question se présentât tout autrement que chez nous. Pour les Anglais, il ne s'agissait point d'un excédant à écouler, mais d'un déficit permanent à combler, leur nombreuse population industrielle ayant rendu insuffisante leur production agricole, si parfaite qu'elle soit, et la nécessité d'un approvisionnement étranger frappait tellement tous les yeux, qu'une majorité composée de propriétaires fonciers n'a pas hésité à s'y résigner. La même adhésion se produirait d'autant plus chez nous, même en plein gouvernement parlementaire, qu'au lieu de demander un sacrifice à nos producteurs, on leur offre un bénéfice. La liberté de commerce, qui fait baisser les prix moyens en Angleterre, doit les faire monter en France, puisque les deux pays vont se trouver en communication constante,- et que les prix sont habituellement plus élevés sur le marché anglais que sur le nôtre.

Un seul reproche peut être adressé au projet de loi, il arrive dans un moment peu opportun. Supprimer toute entrave à l'exportation, quand le blé est en France à 23 francs et en Angleterre à 26, c'est rompre bien résolument avec les préjugés. Dans les discussions antérieures sur l'échelle mobile, les partisans de ce système nous répondaient toujours que, si la loi était révisée, la liberté d'importation deviendrait une vérité, mais que la liberté d'exportation ne serait jamais qu'un leurre. « Quand le blé sera cher, disait-on, le gouvernement ne manquera pas de prohiber l'exportation, et nous aurons à subir la concurrence des blés étrangers sans pouvoir écouler librement les nôtres. » Or c'est au moment où, suivant nos adversaires, le gouvernement ne pourrait pas maintenir la liberté de sortie, si elle existait, qu'il propose de l'établir, quand elle n'existe pas. Il est impossible de faire une réponse plus significative. Allons-nous maintenant entendre de nouveau les vieilles déclamations contre les accapareurs ? Allons-nous remonter par la parole aux bons temps de la convention, où l'on prétendait imposer un *maximum* de prix, et où l'on prohibait l'exportation des grains *sous peine de mort* ? Il faut espérer que non. Si rien n'est plus facile que ce genre d'opposition, rien n'est plus creux. On peut obtenir un moment par là une fausse popularité, mais ce n'est pas en flattant les erreurs du peuple qu'on travaille véritablement à son bien. Même en admettant, ce qui n'est pas sûr, que le premier effet de la loi détermine un surcroît de hausse, il ne faut pas regarder au présent, mais à l'avenir, et des circonstances transitoires doivent disparaître pour le législateur devant les besoins permanents du pays.

Seulement, puisque le gouvernement prenait si bien son parti, il aurait pu, ce semble, aller jusqu'au bout et s'interdire à tout jamais le droit arbitraire de prohiber l'exportation. Ce droit résulte du paragraphe 3 de l'article 34 de la loi du 17 décembre 1814, ainsi conçu : « Des ordonnances du roi pourront provisoirement et en cas d'urgence permettre ou suspendre l'exportation des produits du sol, » à la condition de soumettre la question aux chambres dans leur plus prochaine session. On a fait un grand usage depuis quelque temps de cette loi de 1814 ; il serait à propos d'examiner si, dans l'intérêt même du gouvernement, on ne ferait pas bien de l'abroger. Il s'est écoulé près d'un demi-siècle depuis 1814 ; toutes les circonstances économiques ont changé, les lois elles-mêmes se sont modifiées, et ce qui pouvait avoir sa raison d'être au moment où commençait un ordre nouveau peut n'avoir plus aujourd'hui que des inconvénients. En présentant le projet de loi, le gouvernement manifeste la ferme intention de sortir de ce régime des décrets dont se plaignent si hautement l'agriculture et l'industrie. La loi de 1814, maintient sous main ce qu'il propose tout haut d'abolir. Tout au-moins devrait-on définir l'urgence, pour ne pas laisser planer sur le commerce des céréales, comme sur tout autre, un arbitraire absolu. Il n'y a pas de pire condition pour le commerce que l'incertitude du régime légal, et jamais on n'en a eu plus de preuves que depuis un an.

Deux autres dispositions du projet peuvent donner lieu à des observations. La première porte sur le droit fixe à l'entrée, qui n'est que de 50 centimes par quintal métrique de blé. Ce droit devrait, selon nous, être au moins doublé, pour représenter la part de contribution du blé étranger aux frais généraux de notre organisation nationale. Depuis la lettre impériale du 5 janvier 1860, le gouvernement fait une guerre à mort aux droits de douanes ; 100 millions de recettes annuelles ont ainsi disparu du budget. Ce serait un bien, si 100 millions de dépenses avaient disparu en même temps ; mais comme les dépenses ne font que s'accroître au lieu de diminuer, ces 100 millions, et bien d'autres encore, n'ont fait que changer de forme. Ce que paient en moins les produits étrangers, les produits français doivent le payer en sus. Nous ne comprenons pas, quoique partisans très déclarés de la liberté commerciale, cette faveur accordée aux produits étrangers aux dépens des nôtres. Qu'on efface jusqu'aux dernières traces du système protecteur, rien de mieux ; mais il est bon de maintenir les perceptions fiscales qui ont pour but de répartir uniformément le fardeau de l'impôt. Décharger les douanes pour charger à l'intérieur les contributions, c'est sortir de la justice et de l'égalité, c'est faire de la protection à rebours.

En même temps qu'on réduit à 50 centimes le droit d'entrée sur le froment et le méteil, on affranchit de tous droits le seigle, le maïs, l'orge, le sarrasin et l'avoine. Cette disposition n'a en soi que peu d'importance, car il entre bien peu de ces grains. On avait cru que l'Amérique, qui produit d'immenses quantités de maïs, pourrait nous en envoyer beaucoup ; elle ne nous en envoie pas par la raison fort simple qu'elle en a besoin pour sa consommation, et que le prix du maïs à New-York est habituellement aussi élevé qu'en France. Il n'y a donc ici aucun intérêt de protection. Il nous paraît seulement contraire aux principes d'une bonne administration fiscale de laisser introduire en France une denrée quelconque sans payer de droits. Nous ne comprenons pas davantage pourquoi on ne soumet pas la sortie des blés à un droit de balance ; les blés seront pesés à la sortie dans tous les cas, et la règle économique veut qu'ils paient les frais de cette formalité. Si le droit d'entrée sur le froment était porté à 1 franc par quintal métrique, le droit sur les autres grains à 50 centimes, et le droit de balance pour l'exportation à 25 centimes, on arriverait, suivant toute apparence, à une perception de 4 millions par an sur les céréales, ce qui n'est pas à dédaigner quand les dépenses de l'état excèdent de beaucoup ses recettes.

Il se fait en ce moment en Belgique une tentative de propagande pour obtenir la suppression, non-seulement des droits protecteurs, mais même des droits fiscaux, à l'entrée des marchandises étrangères. Il se peut que la Belgique ait en effet les moyens de réaliser cette économie, comme elle a déjà obtenu celle des octrois. La véritable question est dans la proportion des recettes aux dépenses publiques. Si les recettes donnent un excédant, on peut l'employer à alléger les douanes, surtout en Belgique, où l'exiguïté du territoire national fait attacher une importance particulière à l'extension du commerce extérieur. C'est en disposant d'un excédant analogue qu'on a déjà pu se débarrasser des octrois, sans les remplacer par un impôt nouveau. En France, où les dépenses publiques ont excédé les recettes de plus de deux milliards depuis six ans, rien de pareil ne se peut et ne se pourra de longtemps. Au lieu de diminuer les impôts, il faut songer à les accroître. On ne fait pas impunément la guerre en Crimée, en Italie, en Chine, en Cochinchine ; on ne dépense pas impunément un milliard par an pour tenir son armée et sa flotte sur le pied de guerre, même quand on ne tire pas le canon. Plus heureuse dans sa médiocrité, la Belgique n'a pas eu les mêmes charges ; elle peut recueillir les fruits de la paix.

Quant à nous, toute réduction apparente d'impôt ne peut être qu'un mensonge, puisqu'il faut retrouver d'une main au-delà de ce qu'on abandonne de l'autre. Quand même la réduction des dépenses publiques au-dessous des recettes donnerait les moyens de diminuer réellement les impôts, il est douteux qu'on dût commencer par les douanes ; le double décime de guerre qui pèse encore sur la plupart des perceptions devrait probablement passer le premier, et on pourrait citer bien d'autres exemples.

Les exemptions édictées par le projet de loi ne s'appliquent qu'aux céréales importées par navires français ou par terre. Le projet conserve des droits différentiels sur les importations par navires étrangers. Quelques personnes ont blâmé cette disposition, comme contraire à l'intention générale de la loi. Nous croyons, nous aussi, que la prétendue protection dont jouit notre navigation est une chimère, et que si jamais la question s'examine de près, cette dernière illusion s'évanouira comme tant d'autres ; mais il semble impossible de soulever incidemment une question si grave, qui intéresse ou paraît intéresser toutes la population maritime. C'est bien assez pour une fois de régler la question des céréales sans la compliquer de difficultés étrangères. Le régime de notre navigation sera certainement examiné quelque jour, avec le temps et l'attention qu'il mérite, et on verra alors s'il convient ou non de maintenir les surtaxes de pavillon ; pour le moment, il paraît sage de réserver la question. Les grains, comme les vins, forment une partie importante du fret de nos navires ; avant de rien faire qui semble les en priver, il faut y regarder à deux fois.

Il n'en est pas tout à fait de même de la distinction du projet de loi entre les provenances des pays d'Europe et des pays hors d'Europe. Ici le pavillon national n'est pas en jeu, et on peut apprécier en elles-mêmes ces vieilles divisions et subdivisions qui encombrent inutilement les tarifs de douanes. Qu'importe que les denrées alimentaires viennent d'Europe ou d'ailleurs, dès l'instant que nous en avons besoin ? Qu'importe qu'elles soient ou non du cru du pays d'où nous les tirons ? Les blés d'Égypte et d'Amérique peuvent avoir leur utilité dans un moment donné pour combler un déficit, et en temps ordinaire nos producteurs sont suffisamment défendus par la mauvaise qualité des uns et le prix élevé des autres. Il résulte des documents annexés à l'exposé des motifs que le blé est aussi cher ou même plus cher à New-York qu'en France ; en 1858, 1859 et 1860, quand les prix étaient chez nous de 16 fr. 75, 16 fr. 74 et 20 fr. 41, ils montaient à New-York à 17 fr. 06, 21 fr. 98 et 21 fr. 10. En Amérique pas plus qu'en Russie, le blé ne pousse tout seul et ne se transporte sans frais.

Telles sont les quelques réserves que nous inspire le projet de loi. Nous ne les avons présentées que par acquit de conscience, car les considérations secondaires disparaissent devant le grand fait qui domine tout, la proclamation de l'entière liberté du commerce en fait de denrées alimentaires, tant à l'extérieur qu'à l'intérieur, tant à l'exportation qu'à l'importation. Voilà plus de cent ans que les premiers économistes français ont commencé à réclamer cette liberté. Un siècle de prédication, ce n'est pas trop pour faire triompher une idée juste, quand elle a contre elle les apparences et les habitudes. Les mânes de Quesnay et de Turgot ont dû en tressaillir dans leur tombe. Que d'obstacles n'a pas rencontrés cette grande entreprise depuis la fameuse *guerre des farines* de 1775 ! « Comment ! écrivait alors Voltaire avec sa fine ironie, voilà un édit qui, malgré les préjugés les plus sacrés, permet à tout Périgourdin de vendre et d'acheter du blé en Auvergne, et tout Champenois peut manger du pain avec du blé de Picardie ! Un procureur fiscal s'est mis à prouver que rien n'est plus dangereux que de se nourrir comme on veut. Nous fûmes tout étonnés de voir douze ou quinze mille paysans qui couraient comme des fous en hurlant : *Les blés ! les marchés ! les marchés ! les blés !* Nous remarquâmes qu'ils s'arrêtaient à chaque moulin, qu'ils démolissaient en un moment, et qu'ils jetaient blé, farine et son dans la rivière. J'entendis un petit homme qui, avec une voix de Stentor, leur criait : *Saccageons tout, mes amis ; détruisons toutes les farines pour avoir de quoi manger !* »

Puis sont venues les absurdes lois de la révolution et de l'empire, puis enfin le mécanisme longtemps vanté et aujourd'hui vermoulu de l'échelle mobile. La vérité s'est fait jour malgré tout, et nous la voyons sur le point de triompher. La liberté d'exportation, ce principe véritablement protecteur de l'agriculture, et par conséquent de l'alimentation nationale, peut seule soulever encore quelque résistance. C'est l'intérêt et le devoir de notre public agricole de se réunir pour la défendre. L'exportation, même gênée par l'échelle mobile, a porté depuis trois ans un puissant secours à l'agriculture, que tant de circonstances contraires ont accablée. Elle seule a contribué à ramener quelques capitaux vers le sol, pendant que tant d'autres causes conspiraient à les en détourner. Puisque la population nationale ne s'accroît presque plus, qu'on permette au moins au débouché étranger de fournir l'appoint que ne donne plus le débouché intérieur. Si jamais la prospérité nationale, reprenant son cours, rend à la population son ancien essor, les nouveaux consommateurs trouveront un supplément de céréales tout préparé par les profits de l'exportation, et notre pays, qui est déjà le plus grand producteur de froment du monde, aura pu faire quelques progrès agricoles qui seraient impossibles sans cette condition.

ISBN : 978-1718719354

www.ingramcontent.com/pod-product-compliance
Lightning Source LLC
Chambersburg PA
CBHW030046230526
45472CB00005B/1700